Impressum
Verlag: BABADADA GmbH, Nedderfeld 112 , 22529 Hamburg
Geschäftsführer / Verlagsleitung: Harald Hof
Druck: Books on Demand GmbH, In de Tarpen 42, 22848 Norderstedt

Imprint
Publisher: BABADADA GmbH, Nedderfeld 112 , 22529 Hamburg, Germany
Managing Director / Publishing direction: Harald Hof
Print: Books on Demand GmbH, In de Tarpen 42, 22848 Norderstedt

baruumsaa

colegio

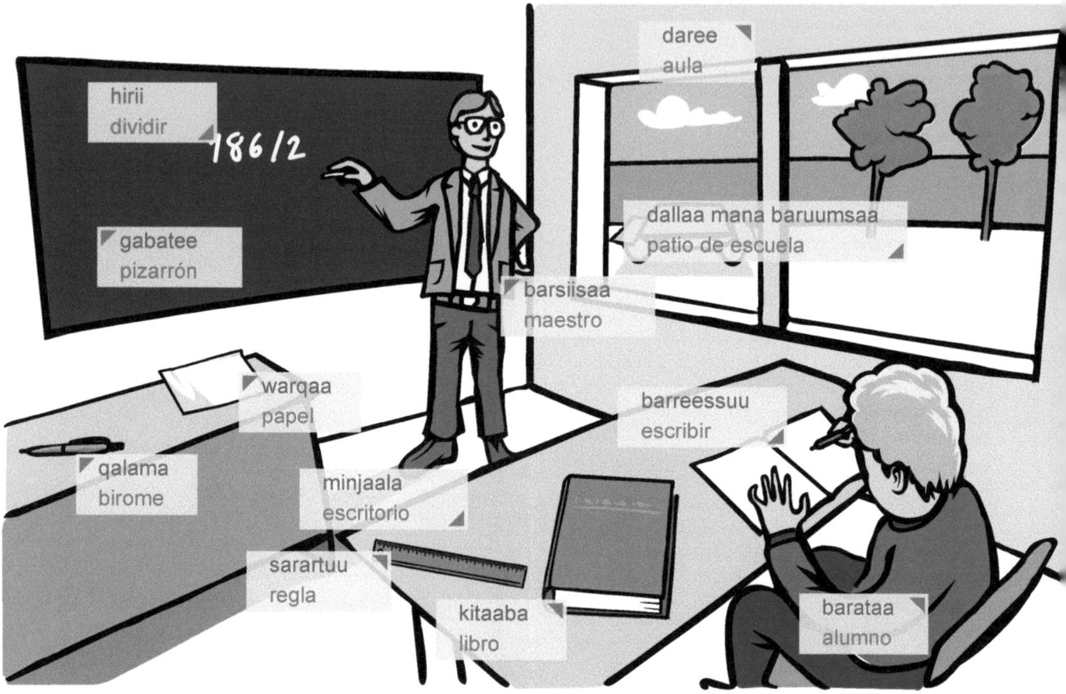

daree
aula
hirii
dividir
186/2
gabatee
pizarrón
dallaa mana baruumsaa
patio de escuela
barsiisaa
maestro
warqaa
papel
barreessuu
escribir
qalama
birome
minjaala
escritorio
sarartuu
regla
kitaaba
libro
barataa
alumno

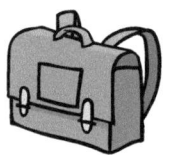

korojoo baattamu

mochila

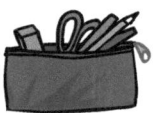

teessoo irsaasii

caja de lápices

irsaasii

lápiz

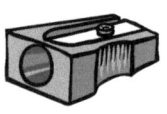

qartuu irsaasii

sacapuntas

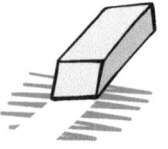

haqxuu

goma (de borrar)

paadii fakkii

bloc de dibujo

fakkii

dibujo

burusha halluu

pincel

saanduqa halluu

caja de pinturas

maqasa

tijera

maxxansituu

pegamento

daftara

cuaderno de ejercicios

hojii manaa

tarea

lakkoofsa

número

ida'ii

sumar

hir;isi

restar

bay;isi

multiplicar

heerregii

calcular

xalayaa

letra

tarree qubee

abecedario

jecha

palabra

kitaaba barataa

texto

dubbisuu

leer

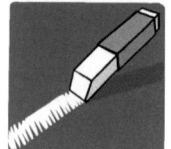

biroonkii

tiza

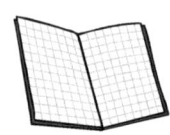

baruumsa

lección

galmeessuu

cuaderno de clase

qormaata

examen

raga barreeffamaa

certificado

uffata mana baruumsaa

uniforme escolar

barnoota

educación

insaaykiloopeediyaa

enciclopedia

yuunivarstii

universidad

maaykiroos kooppii

microscopio

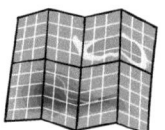

kaartaa

mapa

qircaata gatoo

tacho (de basura)

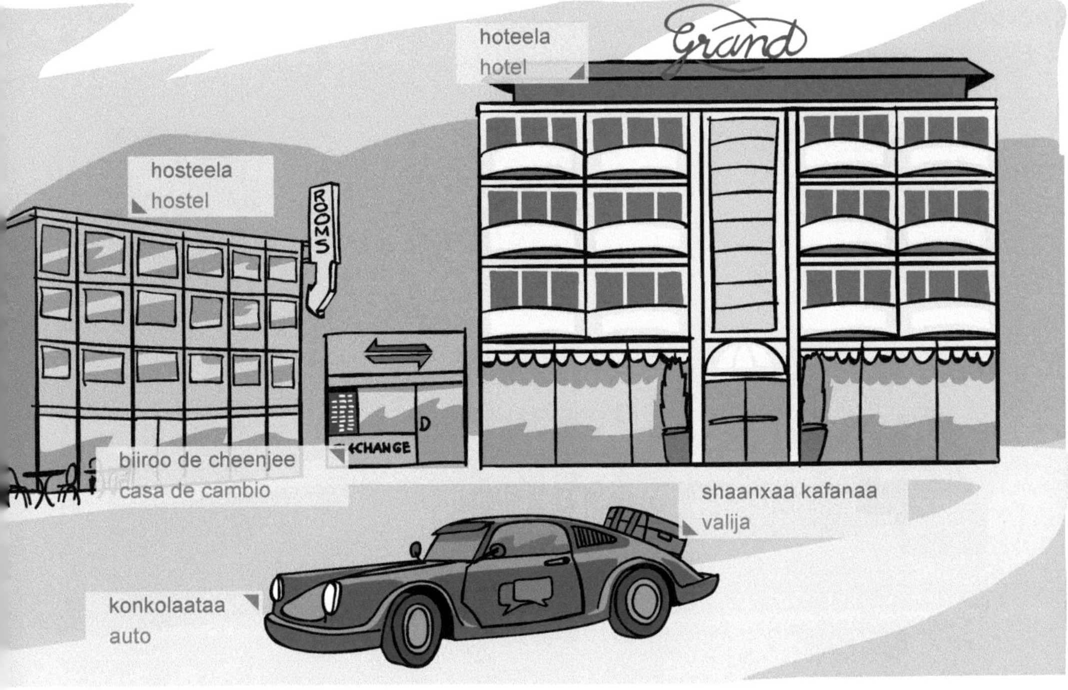

hoteela
hotel
Grand
hosteela
hostel
ROOMS
EXCHANGE
biiroo de cheenjee
casa de cambio
shaanxaa kafanaa
valija
konkolaataa
auto

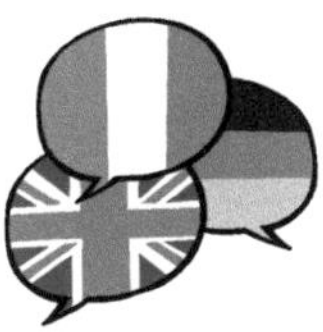

afaan

idioma

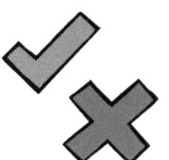

eyyeen / mitii

sí / no

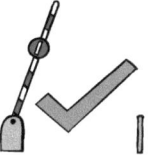

haa ta'u

Está bien

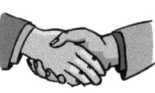

heloo

hola

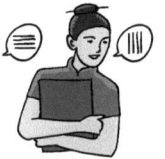

turjmaana

traductor

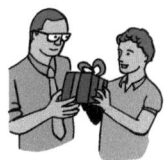

galatoomaa

Gracias

meeqa

¿cuánto cuesta…?

naaf hingalle

No entiendo

rakkoo

problema

akkam ooltan

¡Buenas tardes!

akkam bultan?

¡Buenos días!

halkan gaarii

¡Buenas noches!

nagaatti nagaatti

adiós

kallattii

dirección

ba'aa imalaa

equipaje

korojoo

bolso

ba'aa dugdaa

mochila

keessummaas

invitado

kutaa

habitación

korojoo hirriibaa

bolsa de dormir

dukkaana

carpa

imala - viaje

odeeffannoo turistii

información turística

qarqara haroo

playa

kireedit kaardii

tarjeta de crédito

ciree

desayuno

laaqana

almuerzo

irbaata

cena

tikkeetii

pasaje

liiftii

ascensor

chaappaa

sello

daangaa

frontera

barmaatilee

aduana

embaasii

embajada

viizaa

visa

paasspoortii

pasaporte

geejiba
transporte

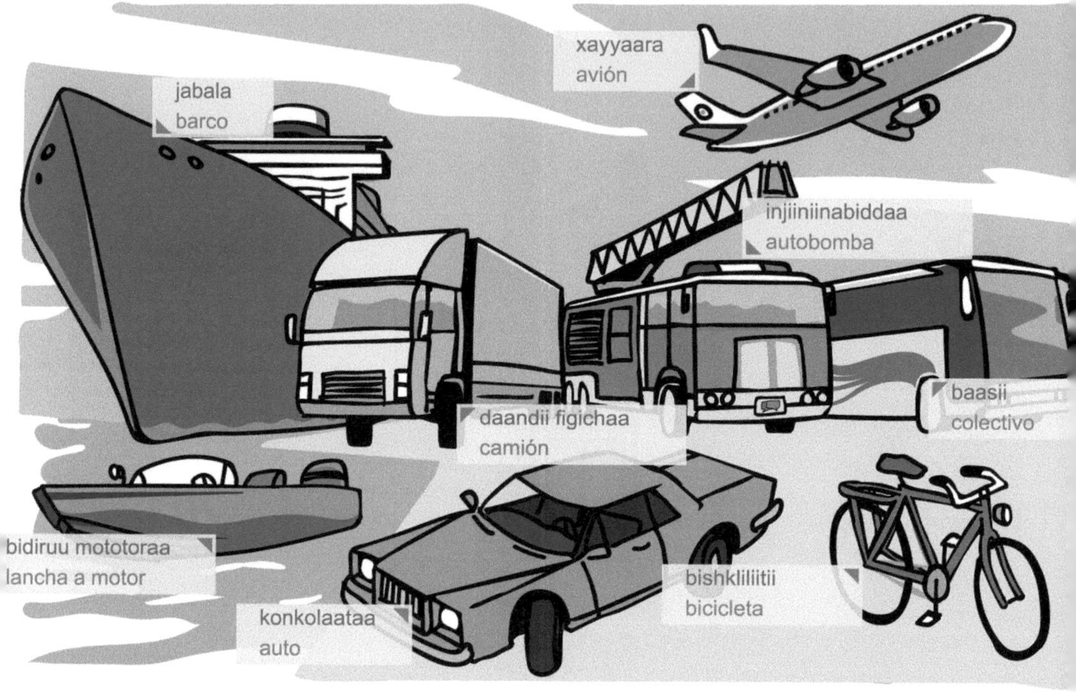

xayyaara
avión
jabala
barco
injiiniinabiddaa
autobomba
baasii
colectivo
daandii figichaa
camión
bidiruu mototoraa
lancha a motor
bishkliliitii
bicicleta
konkolaataa
auto

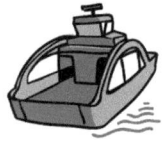

bidiruu deeddebii

ferry

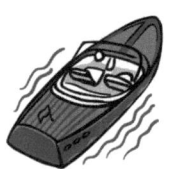

bidiruu

bote

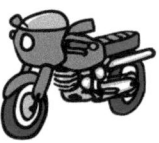

doqdoqqee

moto

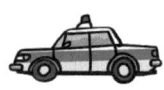

konkolaataa foolisaa

patrullero

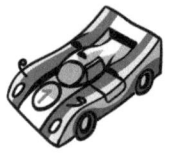

konkolaataa dorgommii

auto de carreras

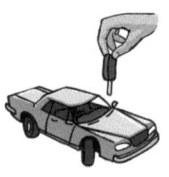

konkolaataa kiraa

auto de alquiler

konkolataa waliin gahuu

alquiler de autos

marsaa boqqoonna

grúa

daandii dhorkaa

camión de basura

motora

motor

boba'aa

nafta

buufata boba'aa

estación de servicio

mallattoo tiraafikaa

señal de tránsito

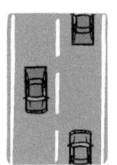

tiraafika

tránsito

cuccufaa daandii
konkolaataa

embotellamiento

dhaabbii konkolaataa

estacionamiento

buufata baburaa

estación de tren

konkolaataa guddaa

vías

baabura

tren

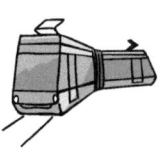

baabura eleektirikaa

tranvía

gaarii fardaa

vagón

helikooftara

helicóptero

buufata xayyaaraa

aeropuerto

qooxii

torre

keessummaa

pasajero

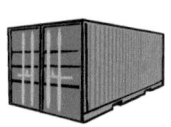

konteenara

contenedor

kaartunii

caja de cartón

gaarii

carretilla

qirccaata

canasta

barrisuu / qubachuu

despegar / aterrizar

magaalaa gudaa
ciudad

araddaa

pueblo

handhuura magaalaa

centro de ciudad

mana

casa

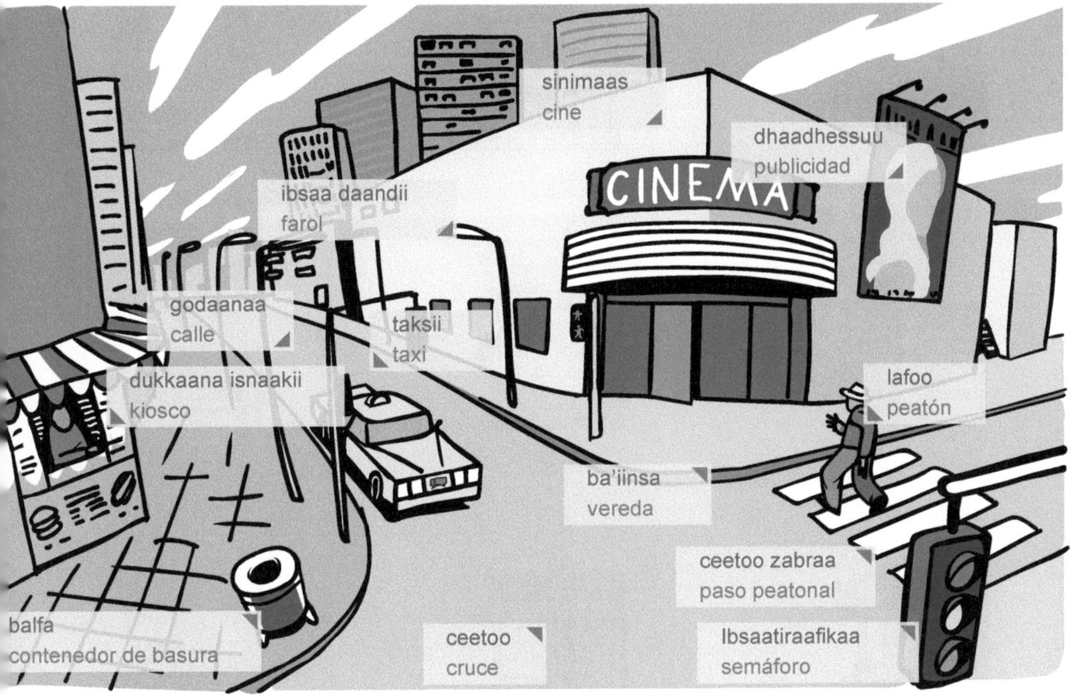

sinimaas
cine

dhaadhessuu
publicidad

ibsaa daandii
farol

CINEMA

godaanaa
calle

taksii
taxi

dukkaana isnaakii
kiosco

lafoo
peatón

ba'iinsa
vereda

ceetoo zabraa
paso peatonal

balfa
contenedor de basura

ceetoo
cruce

lbsaatiraafikaa
semáforo

godoo
cabaña

diriiraa
departamento

buufata baburaa
estación de tren

galma magaalaa
municipalidad

muuziyeemii
museo

baruumsaa
colegio

yuunivarstii

universidad

baankii

banco

hospitaala

hospital

hoteela

hotel

mana qorichaa

farmacia

waajjira

oficina

dukkana kitaabaa

librería

dukkaana

negocio

gurgurtuu abaabo

florería

suppar maarkeetii

supermercado

gabaa

mercado

kuusaa dame

grandes tiendas

kiyyeessituu qurxxummii

pescadería

giddu gala gabaa

centro comercial

buufata galaanaa

puerto

paarkii

parque

tessoo dalgee

banco

riqica

puente

sibsaabii

escaleras

Lafa jala

subte

holqa

túnel

buufata konkolaataa

parada del colectivo

baarii

bar

mana nyaataa

restaurante

saanduqa poostaa

buzón

mallattoodaandii

letrero

idoo dhaabbii konkolaataa

parquímetro

dallaa beeladaa

zoológico

haroo daakkaa

pileta

masgiida

mezquita

qonna

granja

faalama

contaminación

iddoo awwaalchaa

cementerio

charchii

iglesia

dirree taphaa

juegos infantiles

siidaa

templo

teechuma lafaa

paisaje

baala
hoja

maxxansa beeksiisaa
poste indicador

karaa
camino

huruufa magariisa
pradera

dhakaa
piedra

nama lafoo deemu
excursionista

muka
árbol

laga
río

mrga
hierba

abaaboo
flor

sulula

valle

tabba

montaña

hara

lago

bosona

bosque

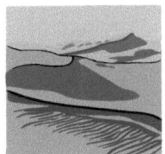

gammoojjii oo;aa

desierto

dhooyinsalafaa

volcán

masaraa

castillo

sabbata waaqqaa

arco iris

jaarsa marqoo

champiñón

muka teemiraa

palmera

bookee busaa

mosquito

balali'uu

mosca

mixii

hormiga

kanniisa

abeja

sarariitii

araña

boombii

escarabajo

hurrii

rana

shikookkoo

ardilla

xaddee

erizo

beelada illeentii fakkaatu

liebre

jajuu

lechuza

simbira

pájaro

daakkiyyee

cisne

ifaannaa

jabalí

godaa

ciervo

godaa ameerikaatti argamu

alce

riqicha

presa

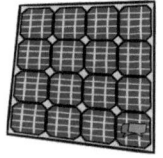

tarbaayinii buubbee

aerogenerador

panaalii soolaarii

panel solar

haala qilleensaa

clima

mana nyaataa

restaurante

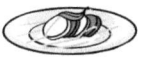

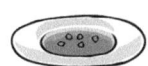

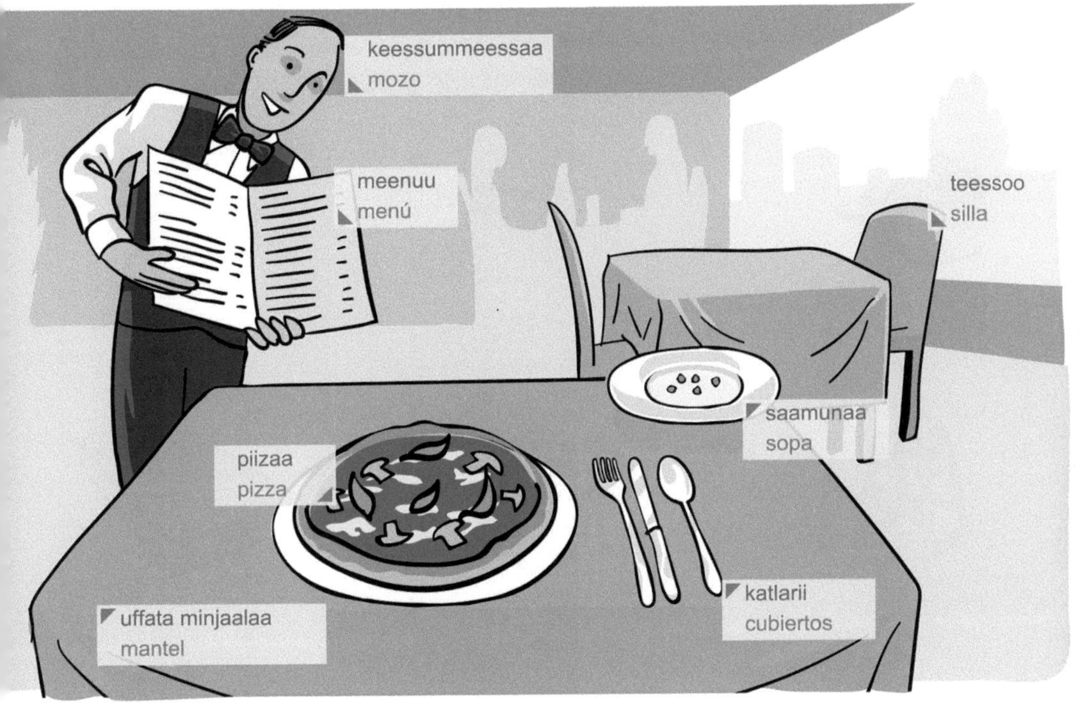
keessummeessaa
mozo
meenuu
menú
teessoo
silla
saamunaa
sopa
piizaa
pizza
katlarii
cubiertos
uffata minjaalaa
mantel

calqabsiisaa

entrada

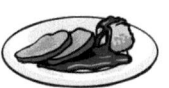

madda muummee

plato principal

deezaartii

postre

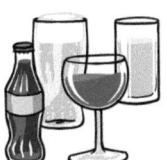

dhugaatii

bebidas

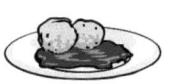

nyaata

comida

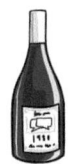

qaruuraa

botella

nyaata qophaa'aa

comida rápida

nyaata karaa irraa

comida callejera

markajii shaayii

tetera

qodaa shukkaaraa

azucarera

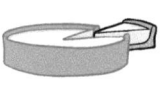

uwwisa

porción

maashina espereessoo

cafetera expreso

teessoo ol ka'aa

sillita alta

nagahee

cuenta

tirii

bandeja

hlbee

cuchillo

shuukkaa

tenedor

fal'aana

cuchara

fal'aana shaayii

cucharita

uffrata minjaala nyaataa

servilleta

burcuqqoo

vaso

diiriiraa

plato

teessoo saamunaa

plato hondo

teessoo siinii

plato

sugoo

salsa

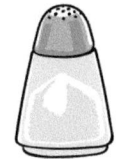

qodaa sooqiddaa

salero

daaktuu barbaree

molinillo de pimienta

hadhooftuu

vinagre

zayita

aceite

qimamii

especias

kachappii

kétchup

sanaafica

mostaza

maaynoneezii

mayonesa

suppar maarkeetii
supermercado

kenaa addaa
oferta especial
FOR
maamila
cliente
oomish aannanii
lácteos
fuduraa
fruta
baabura eelektirikaa
changuito

BUTCHERS

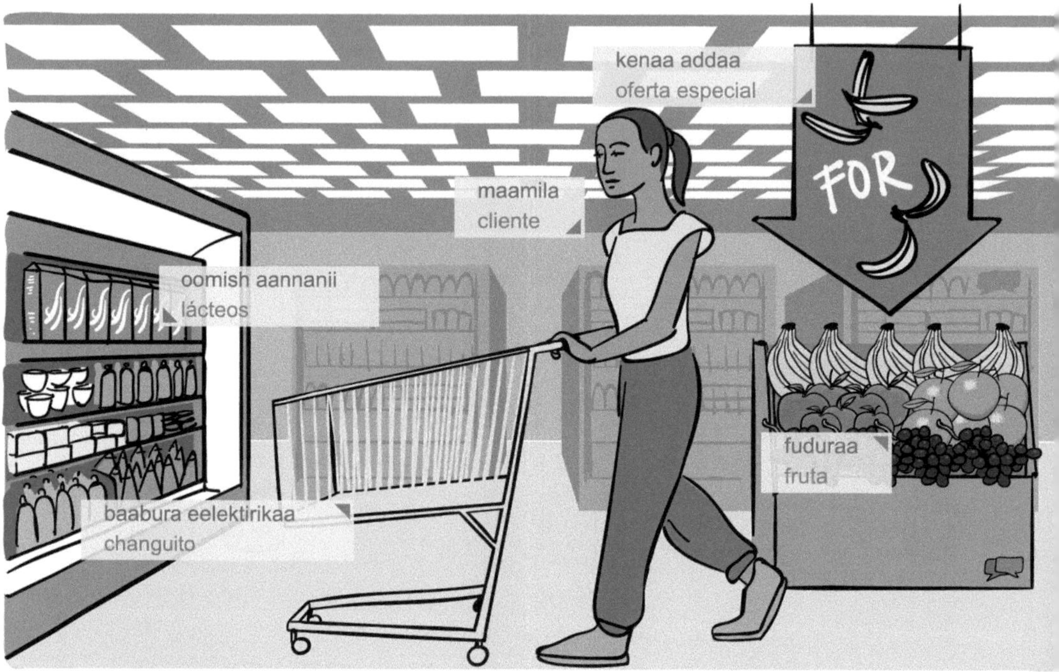

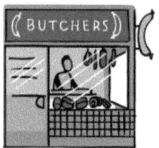

mana foonii

carnicería

BAKERY

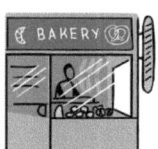

tolchituu

panadería

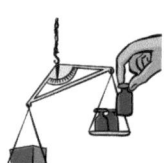

ulfaatina safaruu

pesar

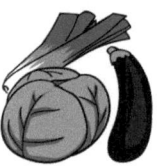

kuduraa

verduras

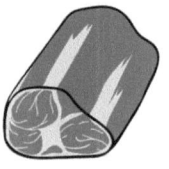

foon

carne

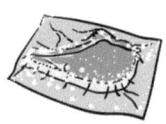

nyaataqorraa

alimentos congelados

foon qorraa

fiambres

nyaata samsmaa

alimentos enlatados

oomoo

detergente en polvo

mi'aawaa

golosinas

oomisha meeshaa manaa

electrodomésticos

bu'aa qulqulleessuu

productos de limpieza

nama gurgurtaa

vendedora

hanga

caja

qarshi qabduu

cajero

taree gabaa

lista de compras

sa'aatii baniinsaas

horario de atención

krojoo qarshii kan dhiiraa

billetera

kireedit kaardii

tarjeta de crédito

korojoo

cartera

korojoo pilaastikaa

bolsa de plástico

bishaan

agua

cuunfaa

jugo

aannani

leche

kookii

bebida cola

wayinii

vino

biiraa

cerveza

alkoolii

alcohol

kookaa

cacao

shaayii

té

buna

café

espereesso

café expreso

kaappuchuunoo

cappuccino

muuzii

banana

aappilii

manzana

burtukaana

naranja

meeloonii

melón

loomii

limón

kaarotii

zanahoria

qullubbii adii

ajo

leemmana

bambú

qullubbii

cebolla

jaarsa marqoo

champiñón

godoo

nueces

gowwaa

fideos

ispaageetii

tallarines

ruuza

arroz

salaaxaa

ensalada

chiipsii

papas fritas

moose affeelamaa

papas fritas

piizaa

pizza

hmbargarii

hamburguesa

saanduchii

sándwich

kotaleetii

churrasco

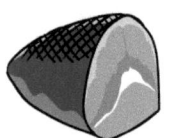

foon booyyee kan luka
fuuiduraa

jamón

nyaata mi'eessituu fi
sooggiddan sukkummame

salame

sausage

salchicha

lukuu

pollo

waaddii

asado

qurxummii

pescado

bulluqa aajjaa

copos de avena

masliis

muesli

fandishaa

copos de maíz

daakuu

harina

kiroosantii

medialuna

daabboo-

pancito

daabboo

pan

dabboo oo'aa

tostada

buskuuta

galletitas

dhadhaa

manteca

itittuu

cuajada

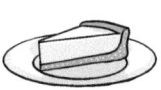

keekii

torta

buuphaa

huevo

buuphaa affeelamaa

huevo frito

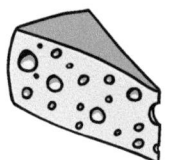

ayibii

queso

aays kireemii

helado

shukkaara

azúcar

damma

miel

marmaalaataa

mermelada

chokkoleetii bittinnaa'aa

pasta de chocolate

kuurii

curry

qonna
granja

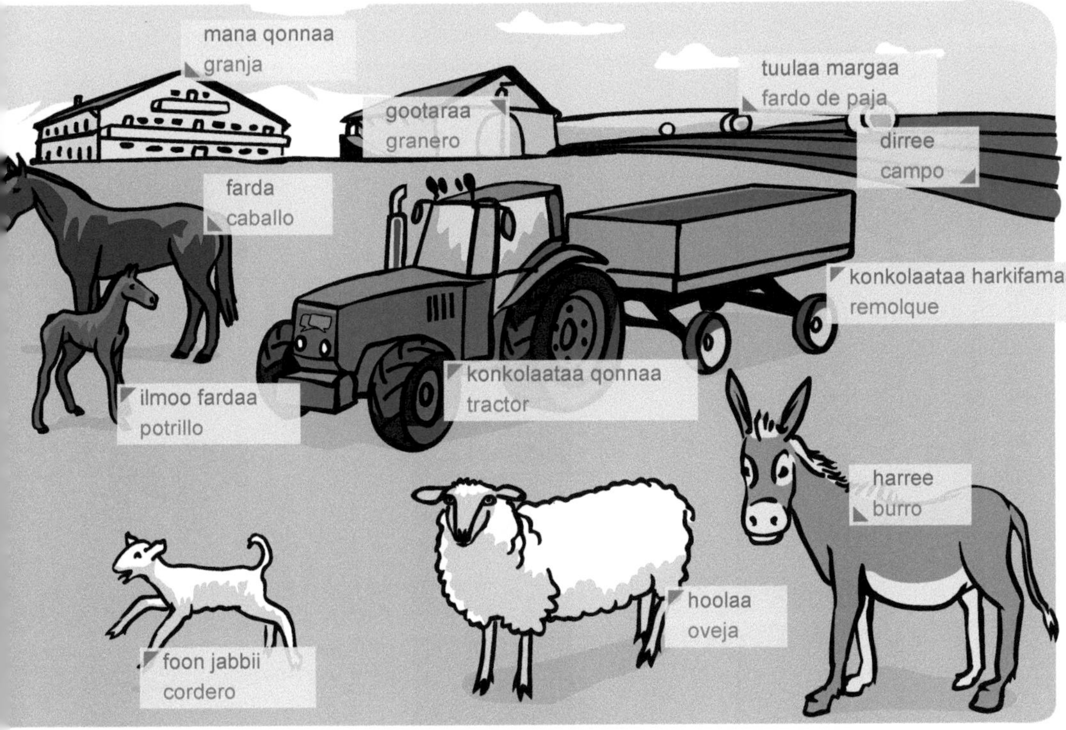
mana qonnaa
granja
gootaraa
granero
tuulaa margaa
fardo de paja
dirree
campo
farda
caballo
konkolaataa harkifamaa
remolque
konkolaataa qonnaa
tractor
ilmoo fardaa
potrillo
harree
burro
hoolaa
oveja
foon jabbii
cordero

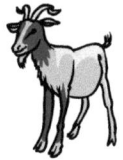

ra'ee
cabra

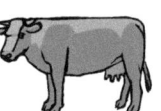

sa'a
vaca

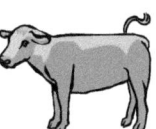

jabbilee
ternero

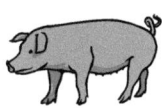

booyyee
cerdo

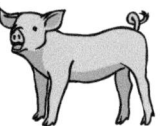

ilmoo booyyee
lechón

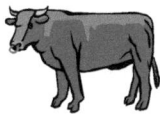

korma
toro

ziyyee

ganso

daakkiyyee

pato

lukkuu

pollo

lukkuu haadhoo

gallina

lukkuu kormaa

gallo

hantuuta

rata

adurree

gato

hantuuta goodaa

ratón

qotiyyoo

buey

saree

perro

mana saree

cucha

ujjummoo oddoo

manguera

kan ittin bishaan obaasan

regadera

haamtuu dheeraa

guadaña

qotuu

arado

haamtuu
hoz

gasoo
azada

manshii
horquilla

qotoo
hacha

gaarii goommaa
carretilla

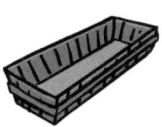

suluula
abrevadero

meeshaa aannanii
lechera

keeshaa
bolsa

dallaa
reja

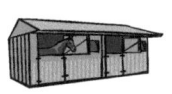

tasgabbii
establo

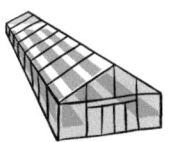

mana biqiltuu
invernadero

biyyee
suelo

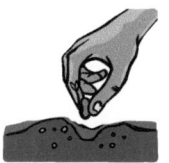

sanyii
semilla

dachee gabbistuu
fertilizador

kmbaayinara haamaa
cosechadora

haamuu

cosechar

haamuu

cosecha

biqiltuu hundeen isaa nyaatamu

batatas

qamadii

trigo

sooy

soja

moose

papa

boqqoolloo

maíz

raappii siidii

semilla de colza

muka fudraa

árbol frutal

kzaavaa

mandioca

midhaan biilaa

cereales

30   qonna - granja

mana

casa

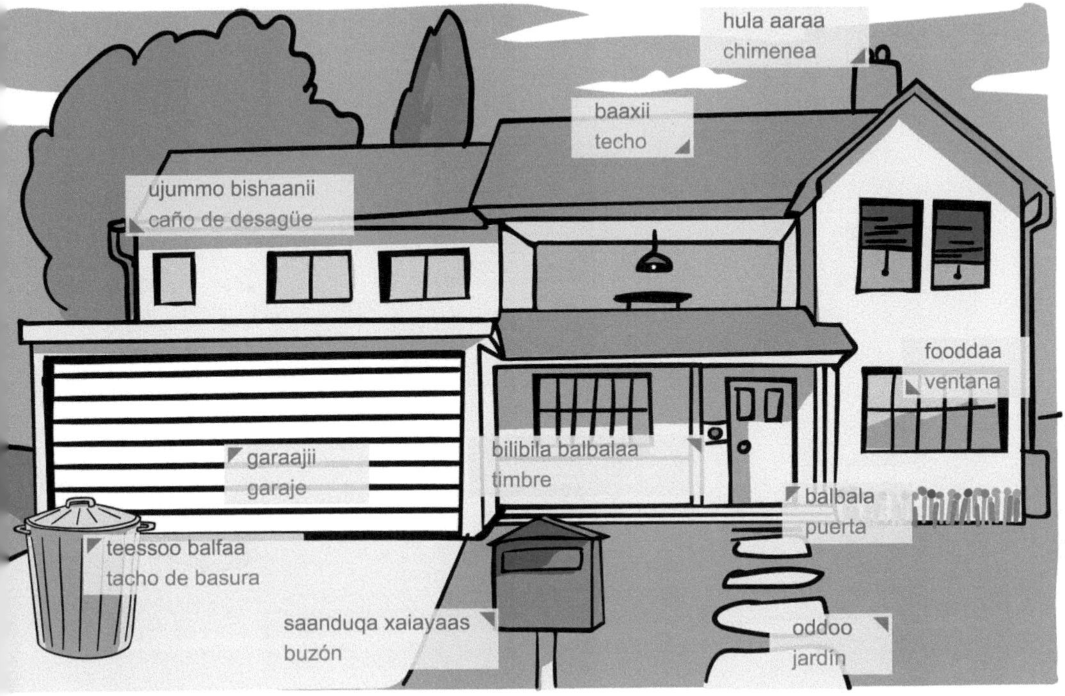

hula aaraa
chimenea
baaxii
techo
ujummo bishaanii
caño de desagüe
fooddaa
ventana
garaajii
garaje
bilibila balbalaa
timbre
balbala
puerta
teessoo balfaa
tacho de basura
saanduqa xaiayaas
buzón
oddoo
jardín

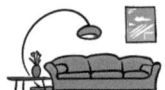

kutaa jireenyaa

living

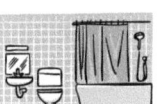

kutaa dhiqannaa

baño

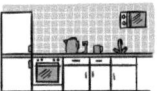

mana bilcheessaa

cocina

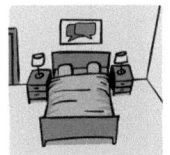

kutaa ciisichaa

dormitorio

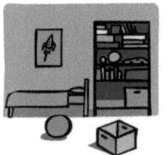

kutaa ijoollee

cuarto de los chicos

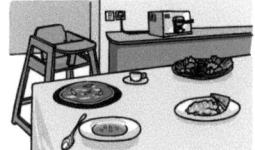

kutaa nyaataa

comedor

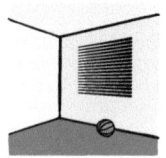

lafa

piso

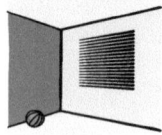

ededaa

pared

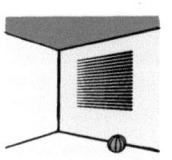

baaxii

cielorraso

seelaarii

sótano

saawunaa

sauna

baankoonii

balcón

madaba

terraza

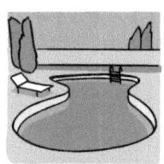

puulii

pileta

konkoolaataa haamaa

cortadora de pasto

ansoolaa

sábana

uffata siree

acolchado

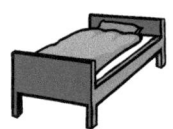

siree

cama

hartuu

escoba

baaldii

balde

cufuu

interruptor

kutaa jireenyaa
living

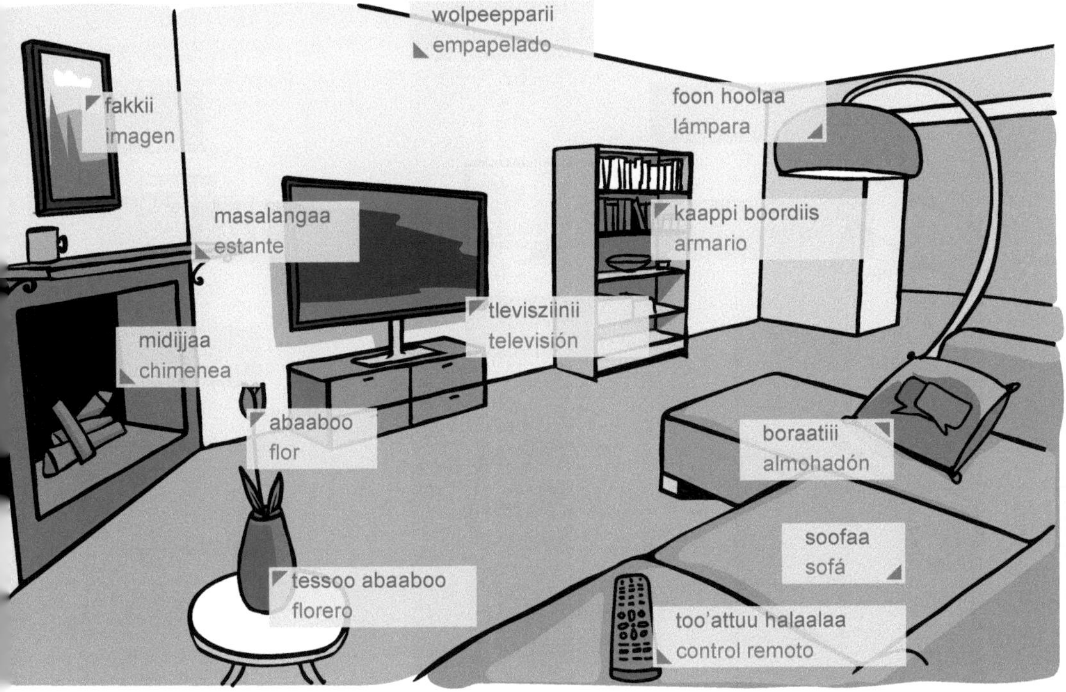
wolpeepparii
empapelado
fakkii
imagen
foon hoolaa
lámpara
masalangaa
estante
kaappi boordiis
armario
tleviszinii
televisión
midijjaa
chimenea
abaaboo
flor
boraatiii
almohadón
soofaa
sofá
tessoo abaaboo
florero
too'attuu halaalaa
control remoto

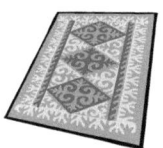

afata
alfombra

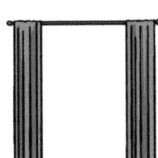

golgaa
cortina

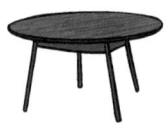

minjaala
mesa

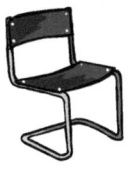

teessoo
silla

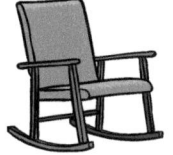

teessoo rarra'aa
mecedora

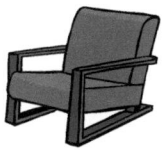

teesoo ciqilffannaa
sillón

kitaaba

libro

uffata qorraa

frazada

midhagina

decoración

muka qoraanii

leña

fiilmii

película

meeshaa

equipo de música

furtuu

llave

gaazexaa

diario

dibuu

pintura

barjaa

póster

reedyoonii

radio

daftara yaadanoo

cuaderno

meeshaa eeleektirikaa afata qulqulleessu

aspiradora

laaftoo

cactus

dungoo

vela

mana bilcheessaa
cocina

firiijii
heladera
midijjaa maayikirooweevii
microondas
meeshaa bilcheessaa
balanza de cocina
waaddituu
tostadora
saaunaa
detergente
midijjaa
horno
qabbaneessitu
freezer
teessoo balfaa
tacho de basura
saafaa
lavaplatos

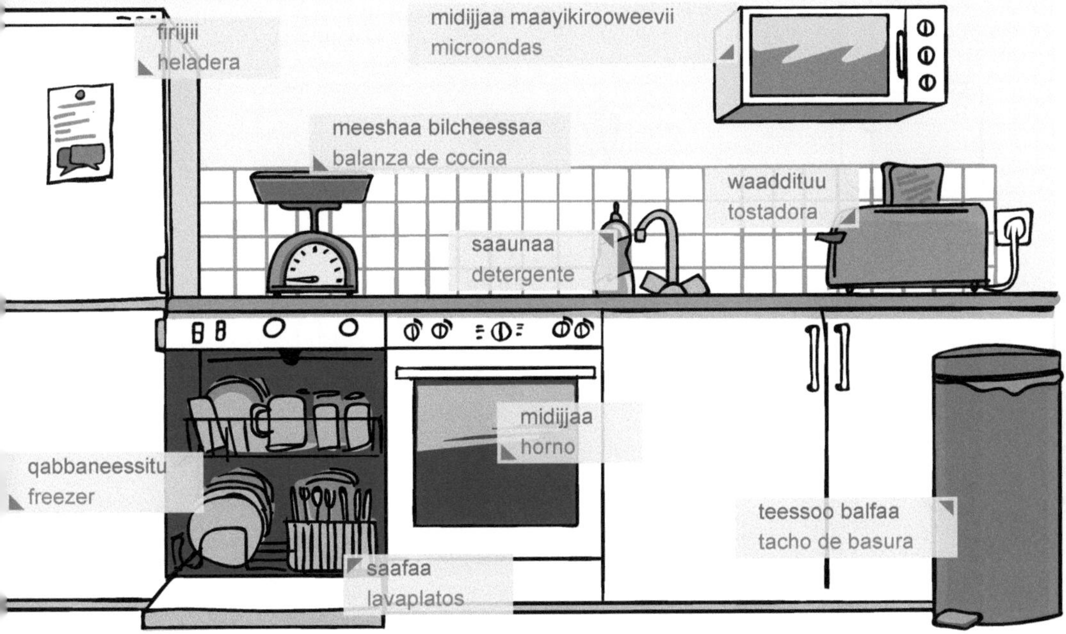

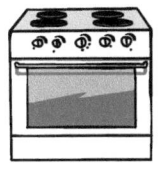

bilcheesssituu

cocina

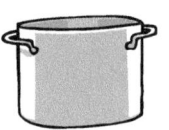

okkotee

olla

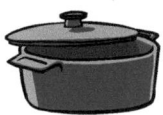

cast-iron pot

olla de hierro fundido

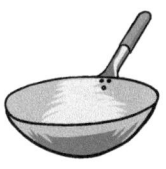

sataatee

wok

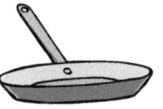

waaddituu

sartén

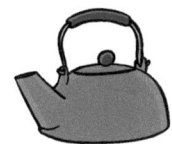

markajii

pava

jabala humna urkaa

vaporera

tirii bilcheessaa

bandeja de horno

bantuu qaruuraa

vajilla

geeba

taza

sayinaa

bol

dibata hidhii

palitos

cilfaa

cucharón

shuukkaa

estpátula

areeda aduurree

batidora

dhimbiibduu

colador

gingilchaa

colador

meeshaa farfartuu

rallador

mooyyee

mortero

waadii abiddaa

parrilla

midijjaa

fogata

maktafiyaa

tabla de picar

martuu

palo de amasar

bantuu qaruuraa

sacacorchos

danda'uu

lata

banuu danda'uu

abrelatas

teesoo okkotee

manopla

lixuu

pileta

buruushii

cepillo

ispoonjii

esponja

meeshaa waliin makaa

batidora

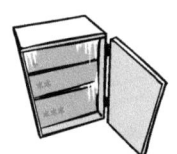

qabbaneessaa guddaa

congelador

xuuxxoo

mamadera

ujjuummoo

canilla

kutaa dhiqannaa
baño

oo'istuu
calefacción
baaldii
toalla
shhworii
ducha
golgaa shaaworii
cortina de ducha
daakaa bashannanaa
baño de espuma
gabatee dhiqannaa
bañadera
burcuqqoo
vaso
maashina miiccaas
lavarropas
ujjuummoo
canilla
billookkeetti
baldosas
waan xiqqoo
pelela
lixuu
pileta

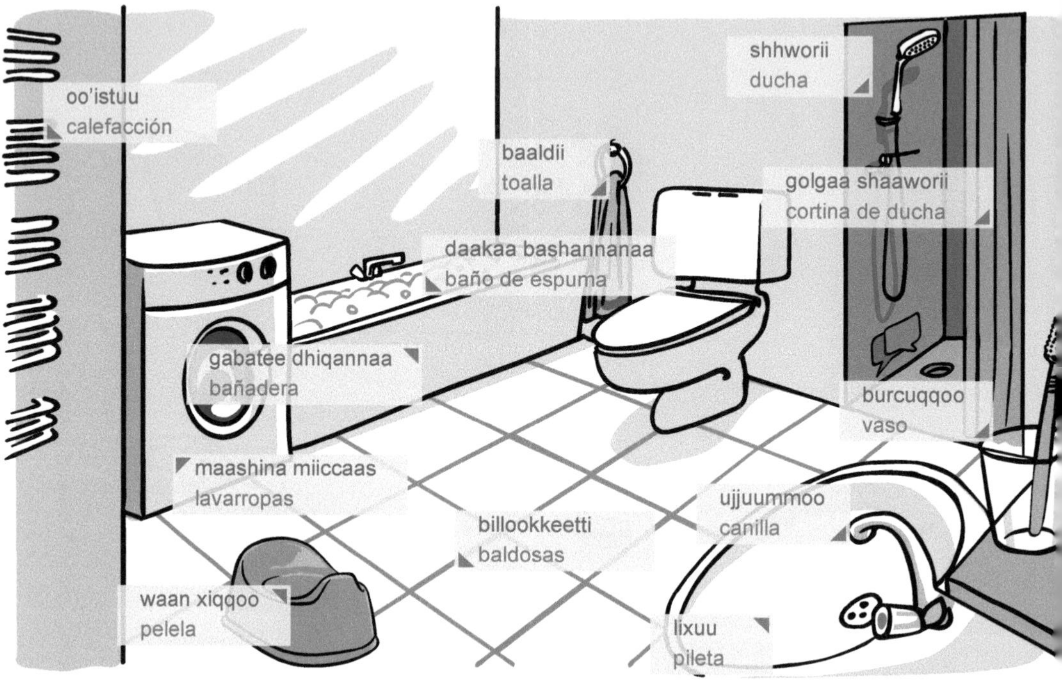

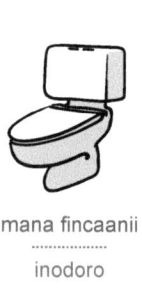

mana fincaanii

inodoro

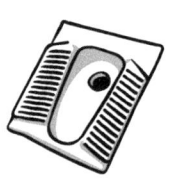

mana fincaanii taa'e

letrina

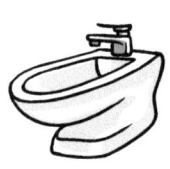

saafaa

bidé

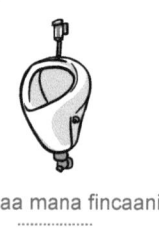

sahiinaa mana fincaanii

mingitorio

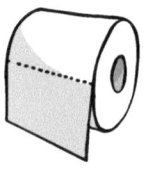

sooftii

papel higiénico

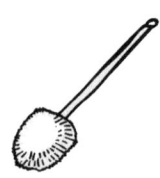

burusha mana fincaanii

cepillo para el inodoro

buruushii ilkaanii

cepillo de dientes

saamunaa ilkaanii

dentífrico

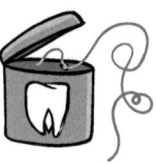

soqxuu ilkaanii

hilo dental

dhiquu

lavar

qaama dhiqannaa aadaa

ducha de mano

kan dach

ducha higiénica

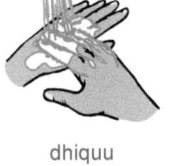

sulula

palangana

mana dhiqataa

cepillo para espalda

saamunaa

jabón

dibata dhiqannaa boodaa

gel de ducha

shaampuu

shampoo

jejuu

toallita

gogsuu

desagüe

kireemii

crema

dodoraantii

desodorante

daawitii

espejo

daawitii hrkaa

espejito

milaacii

maquinita de afeitar

dibata areedaas

espuma de afeitar

diibata areedaa

aftershave

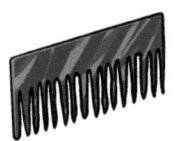

filaa

peine

burusha

cepillo

qoorsituu rifeensaa

secador de pelo

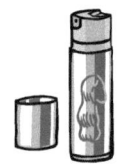

hafuuftuu rifeensaa

spray

meekaappii

maquillaje

lippistiikii

lápiz de labios

qeessa muculiksituu

esmalte para uñas

jirbii

algodón

murtuu qeessa

tijera para uñas

shittoo

perfume

korojoo dhiqannaa

portacosméticos

gatteechuma

banqueta

iskeelii ulfaatinaa

balanza

uffata dhiqannaa

bata

guwaantii pilaastikaa

guantes de goma

moodesii

tampón

fooxaa qulquulinaa

toallita femenina

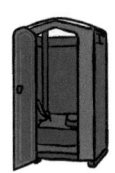

keemikaala mana fincaanii

baño químico

kutaa ijoollee
cuarto de los chicos

sa'aatii alaarmii
despertador
Eebbiyyoo Hammatamu
peluche
konkolaatt ijollee
coche de juguete
hasaasuu
sonajero
mana eebbiyyo
casa de muñecas
jira
regalo

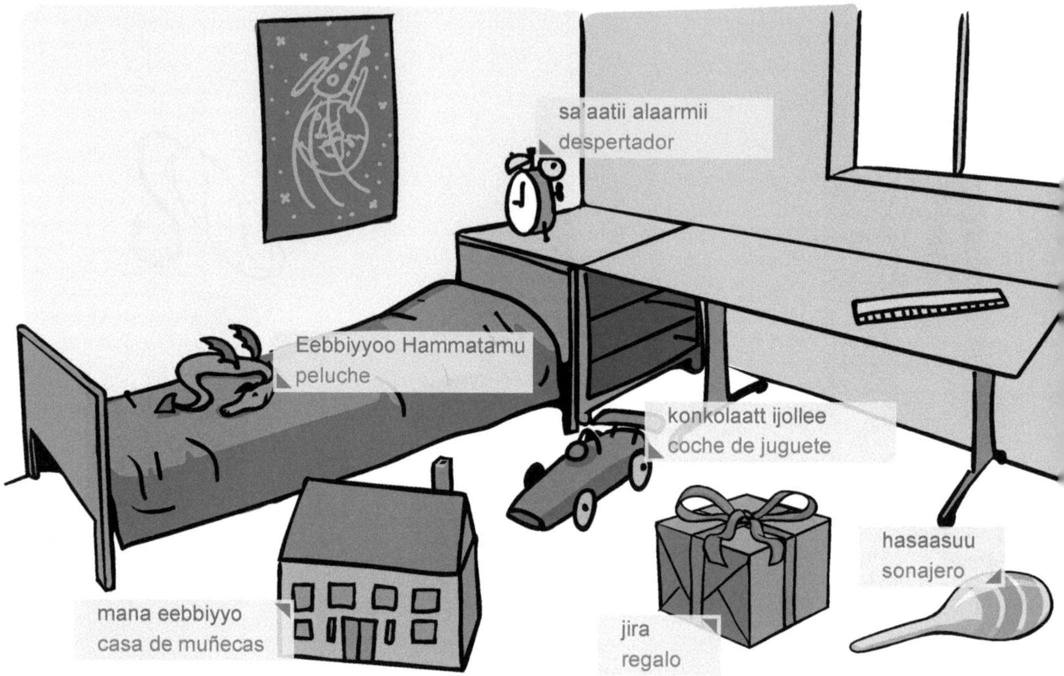

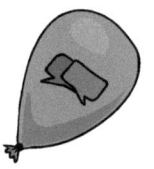

baaloonii

globo

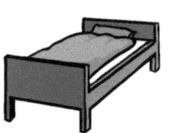

siree

cama

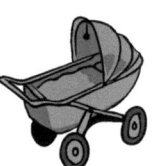

gaarii daa'imaa

cochecito

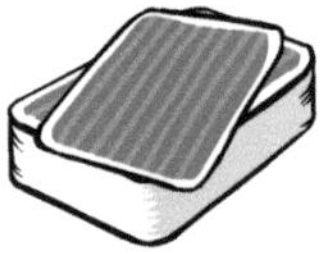

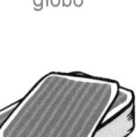

Minjaala Kaardii

cartas

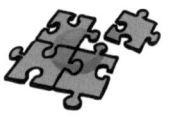

akaafaa

rompecabezas

SUPER MEGA

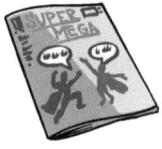

kofalchiisaa

historieta

lego bricks

piezas de lego

dlookii ijaarsaa

ladrillos de juguete

lakkofsa gochaa

figura de acción

guddina daa'imaa

enterito (de bebé)

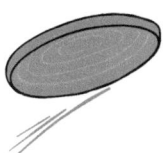

saahinaa taphaa

frisbee

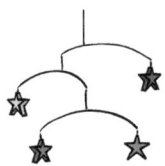

mobaayilii

móvil para bebés

gabatee taphaa

juego de mesa

kuubii lakk. 1-6 qabu

dados

teessuma leenji'aa
modeelaa

tren eléctrico

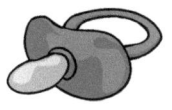

fakkii

chupete

afeerrii

fiesta

kitaaba fakii

libro de cuentos ilustrado

kubbaa

pelota

eebiyyoo

muñeca

tapha

jugar

boolla cirrachaa

arenero

hodhuu

hamaca

eebbiyyoo

juguetes

konsoli tapha viidyoo

consola de videojuegos

marsaa sadii

triciclo

eebiyyo hammatamtu

osito de peluche

sanduqaa dhaabbii

armario

cuufinsa

ropa

kaalsii

medias

istookingii

medias panty

taayitii

calzas

guftaa
bufanda

qabattoo
cinturón

dibaaboo
paraguas

qomee
remera

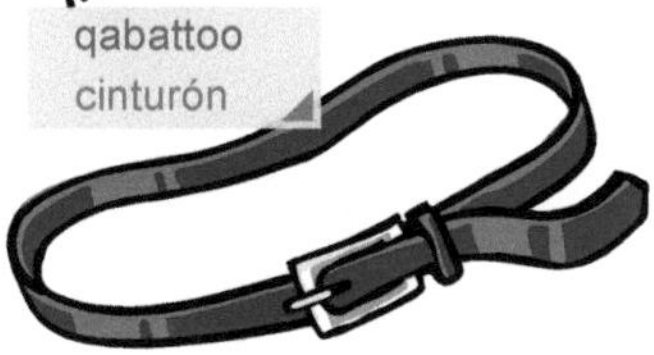

leenjitoota
zapatillas

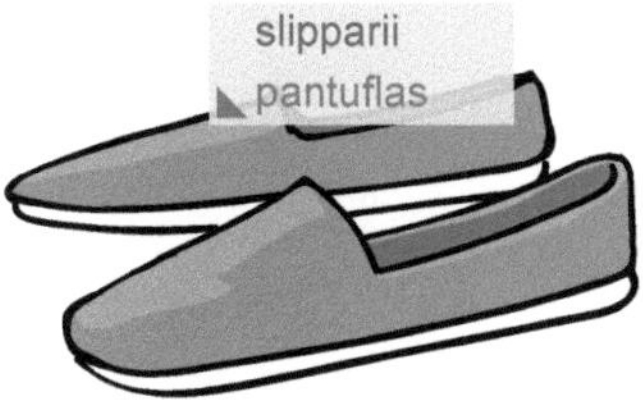

bidiruuwwan
botas

slipparii
pantuflas

kophee banaa
....
sandalias

kophee
....
zapatos

bidiruu pilaastikaa
....
botas de goma

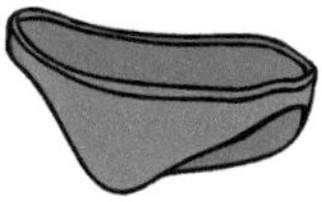

butaantaa
....
ropa interior

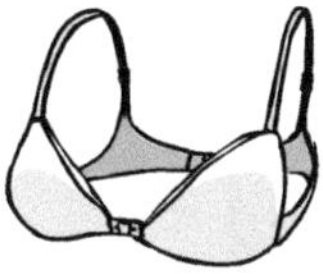

harmaa
....
corpiño

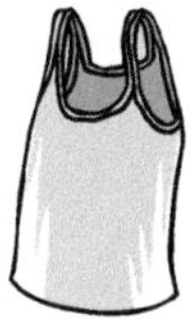

sadariyyaa
....
chaleco

qaama

body

kofoo dheeraa

pantalones

jiinsii

jeans

dalgee

pollera

shamiza

blusa

shurraaba

camisa

shurraaba

pulóver

haaguuggii jaakkeettii

buzo

yuunifoormii

blazer

jaakkeettii

campera

kootii

tapado

kafana roobaa

piloto

barsuma

traje

wandaboo

vestido

kafana gaa'ilaa

vestido de novia

kafana guutuu

traje

uffata halkanii

camisón

bijaamaa

pijama

wandaboo hindii

sari

guftaa

pañuelo para cabeza

marata

turbante

burqaa

burka

jalabiyyaa

caftán

abaya

abaya

kafana daakkaa

traje de baño

mudhii

short de baño

kofoo gabaabaa

shorts

kafanafgichaa

jogging

appiroonii

delantal

guwwaantii

guantes

furtuu

botón

burcuqqoowwan

anteojos

gumee

pulsera

amartii

collar

qubeelaa

anillo

glii

aro

geeba

gorra

fanoo kootii

percha

qoobii

sombrero

karbaata

corbata

ziippii

cierre

heelmeetii

casco

collee

tiradores

uffata mana baruumsaa

uniforme escolar

yuunifoormii

uniforme

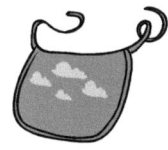

kafana gorooraa

babero

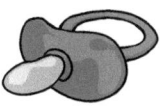

fakkii

chupete

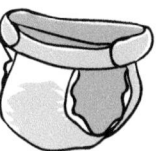

naappii

pañal

waajjira
oficina

sarvarii
servidor
faayil kaabineetii
archivero
piriintarii
impresora
warqaa
papel
moonitarii
monitor
maawzii
mouse
minjaala
escritorio
fooldarii
carpeta
kiiboordii
teclado
teessoo
silla
qircaata gatoo
tacho (de basura)
kompitara
computadora

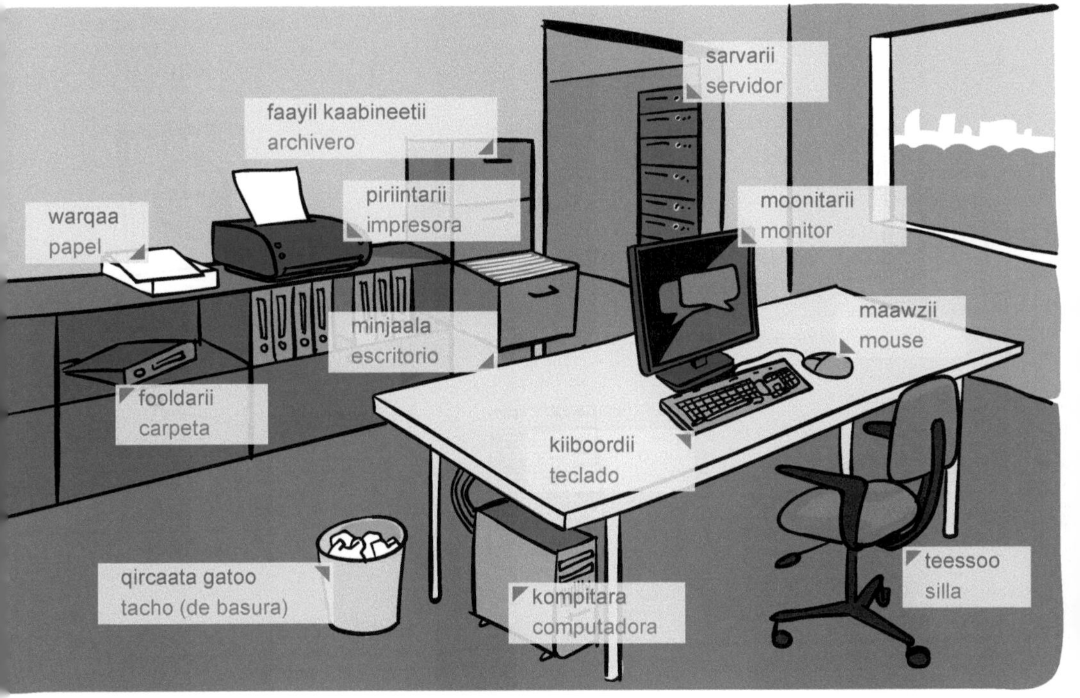

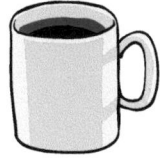

siinii bunaa

taza de café

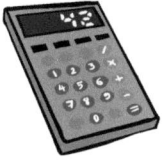

herregduu

calculadora

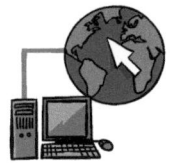

intarneetii

internet

lab tooppii

laptop

xalaya

carta

ergaa

mensaje

mobbyilii

celular

neetwoorkii

red

maashina footokoppii

fotocopiadora

sooft weerii

software

bilbila

teléfono

sookkeetii suuqii

tomacorriente

maashina faaksiis

fax

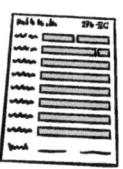

uunkaa

formulario

dookimantii

documento

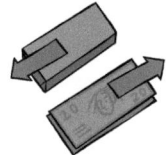

bituu

comprar

kafaluu

pagar

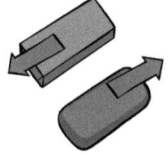

daldaluu

hacer negocios

qarshii

dinero

doolaara

dólar

yuroou

euro

yen

yen

ruubilii

rublo

Farankaa swwiz

franco suizo

yuwaanii reenmiinbii

yuan

ruuppee

rupia

kaash pooyintii

cajero automático

biiroo de cheenjee

casa de cambio

warqee

oro

meeta

plata

zayita

petróleo

human

energía

gatii

precio

koontiraata

contrato

taaksii

impuesto

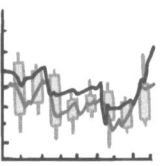

shaqaxa

acción

hojjechuu

trabajar

qacaramaa

empleado

qacaraa

empleador

faabrikaas

fábrica

dukkaana

negocio

qondaala foolisii
policía

hojetaa balaa abiddaa
bombero

paayileetii
piloto

bilcheessituu
cocinero

doktora
médico

waardiyyaa
....
jardinero

ogeessa mukaa
....
carpintero

ooftuu jabalaa
....
modista

abbaa seeraa
....
juez

keemistii
....
farmacéutico

ta'aa
....
actor

konkolaachisaa

colectivero

konkolaachisaataaksii

taxista

qurxumii kiyyeessaa

pescador

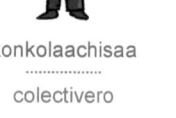

qulqulleessituu

mucama

hojetaa baaxii

techista

keessummeessaa

mozo

adamisituus

cazador

halluu dibduu

pintor

tolchituu

panadero

elektrishaana

electricista

ijaaraa

albañil

injinara

ingeniero

mana foonii

carnicero

hjjetaa ujummoo

plomero

poostaa geessituu

cartero

raayyaa

soldado

arkteektii

arquitecto

qarshi qabduu

cajero

abaaboo gurgurtuu

florista

dabbasaa murtuu

peluquero

kondaaktara

cobrador

makaanika

mecánico

kaappiteenii

capitán

hakiima ilkee

dentista

saayntiistii

científico

rabbi

rabino

imaama

imán

moloskee

monje

luba

sacerdote

meeshaalee
herramientas

hiktuu cufamu
tenaza
burruusa
martillo
hiiktuu
destornillador
daamotii--
linterna
hiktuu
llave

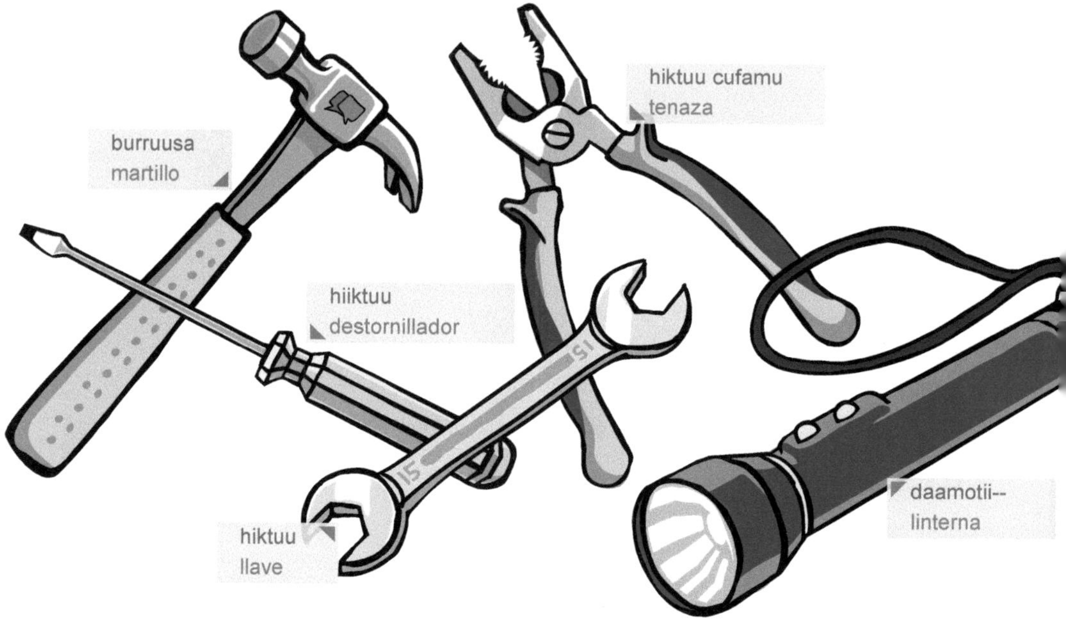

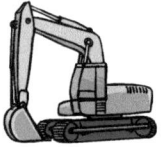

gasoo

excavadora

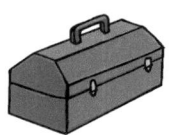

saanduqa meeshhalee

caja de herramientas

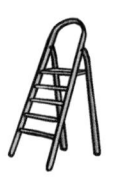

kortoo

escalera portátil

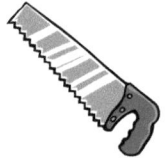

magaazii

sierra

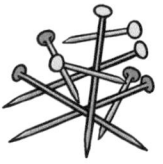

bismaara

clavos

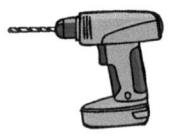

diriilii

taladro

suphuu
arreglar

akaafaa
pala de jardín

dhaabi
¡Qué bronca!

gataa balfaa
pala de plástico

qodaa haalluu
tacho de pintura

hiktuu
tornillos

meeshaalee muuziqaa
instrumentos musicales

teessoo dibbee
batería

sagalee guddistuu
parlante

gitaara
guitarra

sagalee baay'ee xiqqaa
contrabajo

tiraampeetii
trompeta

piyaanoo

piano

vaayoolinii

violín

sagalee xiqqaa

bajo

timpaanii

timbales

dibbee

tambor

kiiboordii

teclado

saaksi foona

saxofón

ulullee

flauta

may craafoona

micrófono

dallaa beeladaa

zoológico

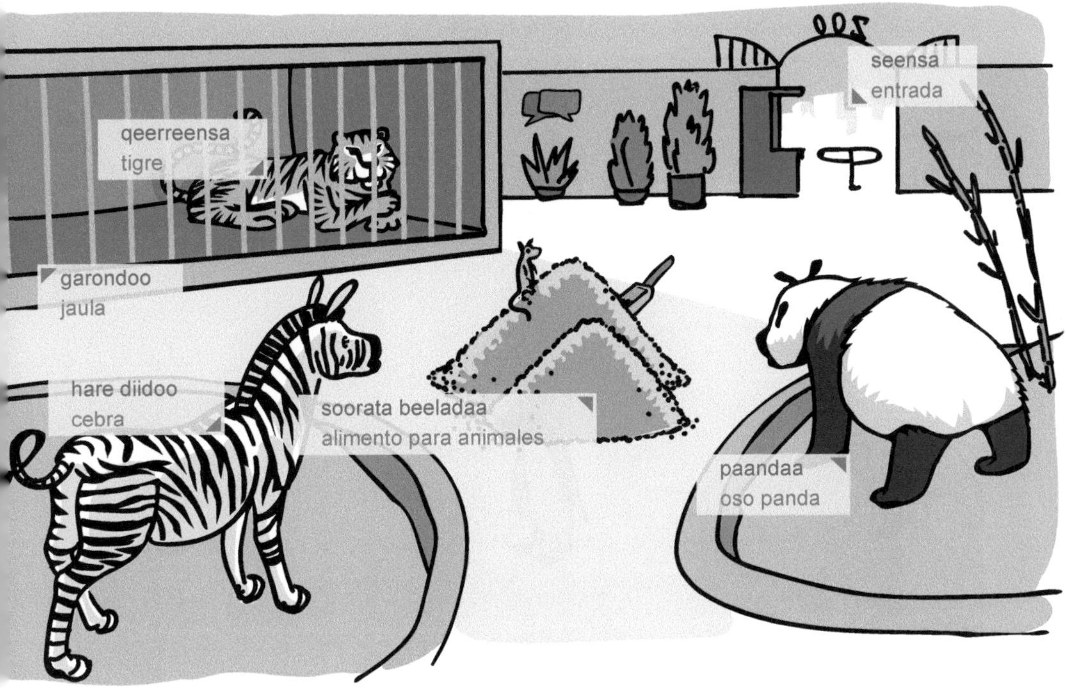
seensa
entrada
qeerreensa
tigre
garondoo
jaula
hare diidoo
cebra
soorata beeladaa
alimento para animales
paandaa
oso panda

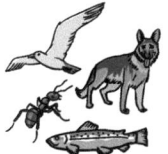

beeladoota

animales

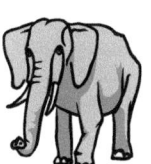

arba

elefante

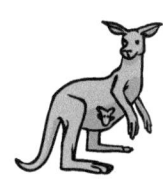

kaangaaroo

canguro

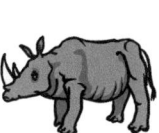

warseesa

rinoceronte

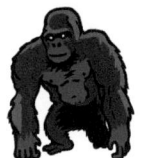

jaldeessa guddaa

gorila

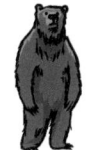

godaa

oso

gala

camello

guchii

avestruz

leenca

león

jaldeessa

mono

fiilaamingoo

flamenco

simbira dubbattu

loro

diibii poolarii

oso polar

peengyuunii

pingüino

shaarkii

tiburón

piikookii

pavo real

bofa

serpiente

qocaa

cocodrilo

eegaa zoo

cuidador del zoológico

chaappaa

foca

sanyii qeerensaa

jaguar

farda gabaabduu

poni

sanyii qeerrensaa

leopardo

roobii

hipopótamo

sattaawwaa

jirafa

culullee

águila

ifaannaa

jabalí

qurxummii

pescado

qocaa galaanaa

tortuga

beelada bishaan keessaa

morsa

sardiida

zorro

godaa

gacela

kubbaa miilaa ameerikaa
fútbol americano

dargmmii bishkilileettaa
ciclismo

teenisa
tenis

kubba kaachoo
básquet

bishaan daakkaa
natación

sigigoo cabbie
hockey sobre hielo

aboottoo
boxeo

kubbaa miilaa
....
fútbol

baadmentanii
....
bádminton

atileetii
....
atletismo

kubba harkaa
....
handball

skiing
....
esquí

pooloo
....
polo

kolfa
reír

utaalcha
saltar

hammachuu
abrazar

deemuu
caminar

sirbuu
cantar

abjuu
soñar

kadhannaa
rezar

dhungoo
besar

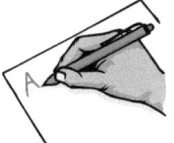

barreessuu

escribir

fakkii kaasuu

dibujar

agrsiisuu

mostrar

dhiibuu

presionar

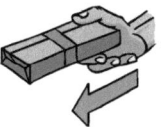

kennuu

dar

fudhachuu

tomar

qabaachuu

tener

gochuu

hacer

ta'uu

ser

dhaabbachuu

estar parado

kaachuu

correr

harkisuu

tirar

darbachuu

tirar

kufuu

caer

soba

estar acostado

eeguu

esperar

baachuus

llevar

taa'uu

estar sentado

uffachuu

vestirse

rafuu

dormir

dammaquu

despertar

ilaaluu

mirar

iyyuu

llorar

dhiibbaa dhiigaa

acariciar

filuu

peinar

haasa'uu

hablar

hubachuu

entender

gaafachuu

preguntar

dhggeeffachuu

escuchar

dhuguu

beber

nyaachuu

comer

ol kaasuu

ordenar

jaalala

amar

bilcheessuus

cocinar

oofuu

manejar

barrisuu

volar

jabalan

navegar

heerregii

calcular

dubbisuu

leer

baruumsa

aprender

hojjechuu

trabajar

fuudha

casarse

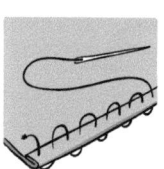

hodhuu

coser

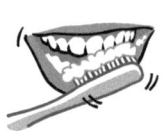

ilkaan rigachuu

cepillarse los dientes

ajjeecha

matar

xuuxuu

fumar

erguu

enviar

warra
familia

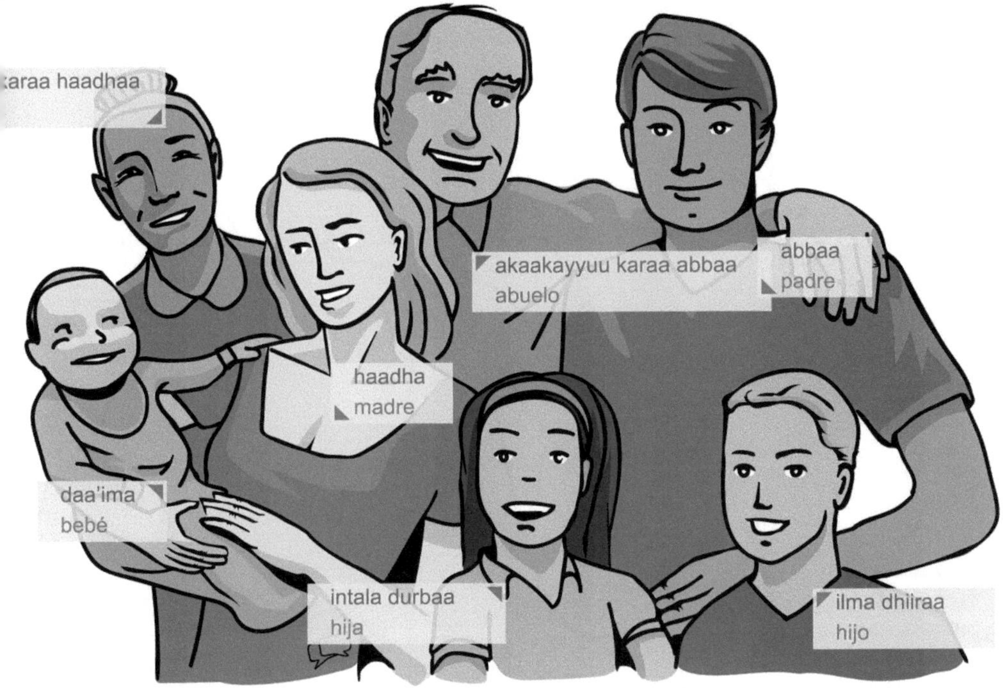
araa haadhaa
akaakayyuu karaa abbaa
abuelo
abbaa
padre
haadha
madre
daa'ima
bebé
intala durbaa
hija
ilma dhiiraa
hijo

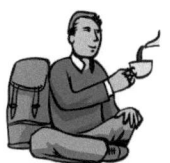

keessummaas

invitado

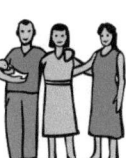

adaadaa

tía

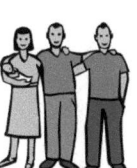

eessuma

tío

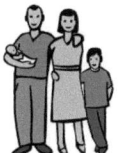

obboleessa

hermano

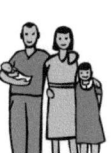

obboleettii

hermana

qaama

cuerpo

adda
frente
ija
ojo
ceekuu
hombro
quba
dedo
fuula
cara
igicii
pera
harka
mano
harma
pecho
luka
pierna
irree
brazo

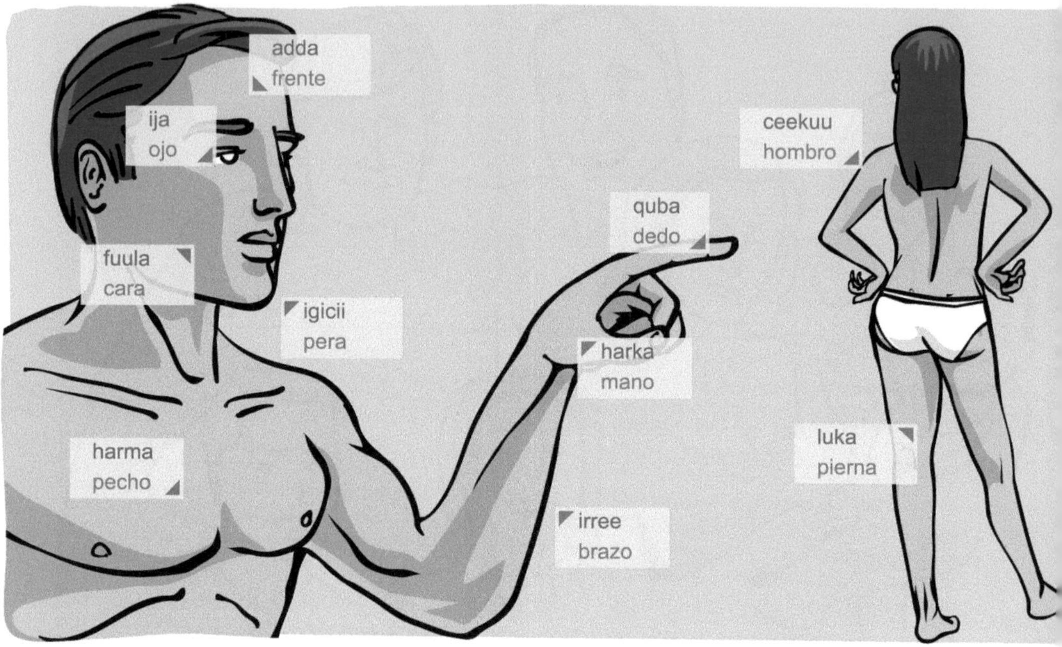

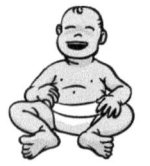

daa'ima

bebé

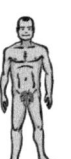

nama

hombre

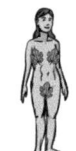

dubartii

mujer

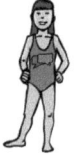

durba

nena

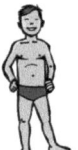

mucaa

nene

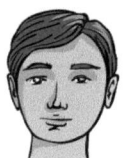

mataa

cabeza

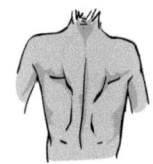

duuba

espalda

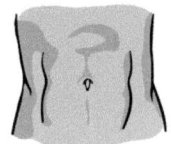

godhami

panza

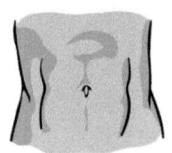

belly button

ombligo

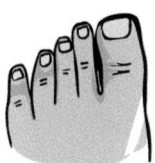

qubq miilaa

dedo del pie

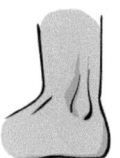

koomee

talón

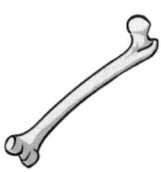

lafee

hueso

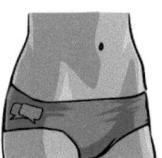

dirra

cadera

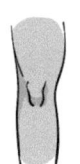

jilba

rodilla

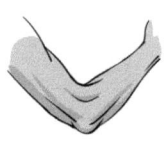

ciqilee

codo

fuunyaan

nariz

jala

cola

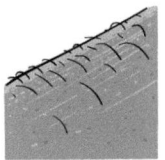

gogaa

piel

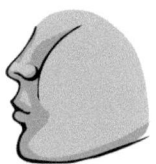

boqoo

cachete

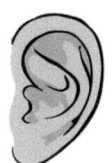

gurra

oreja

hidhii

labio

qaama - cuerpo

69

afaan

boca

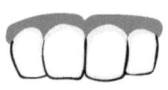

ilkee

diente

arraba

lengua

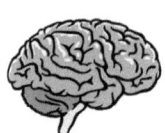

sammuu

cerebro

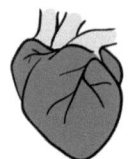

onnee

corazón

fon irree

músculo

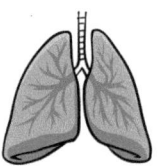

somba

pulmón

tiruu

hígado

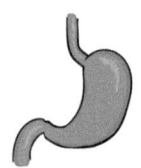

garaacha

estómago

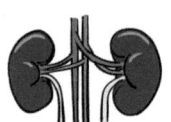

kaleewwan

riñones

wal qunnamitii saalaa

sexo

kondomii

preservativo

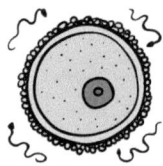

buphaa dubartii

óvulo

mi'oo

semen

ulfa

embarazo

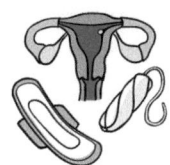

laguu ji'aa

menstruación

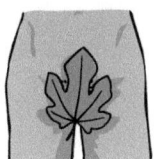

buqushaa

vagina

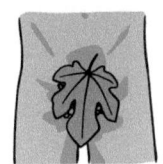

tuffee

pene

laboobbaa ijaa

ceja

rifeensa

pelo

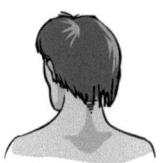

morma

cuello

hospitaala
hospital

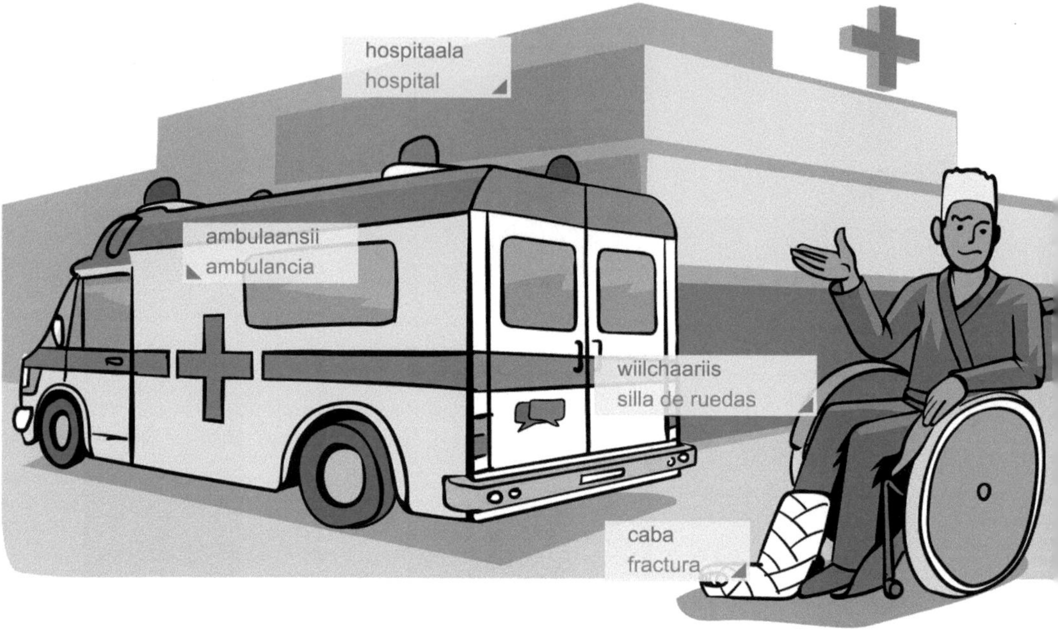

hospitaala
hospital
ambulaansii
ambulancia
wiilchaariis
silla de ruedas
caba
fractura

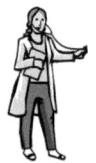

doktora

médico

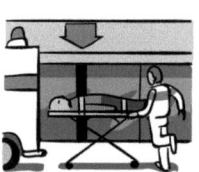

kutaa hatattamaa

sala de guardia

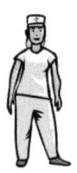

narsii

enfermera

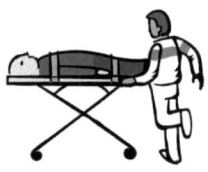

hatattama

emergencia

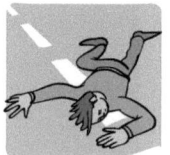

kan hin dammaqin

inconsciente

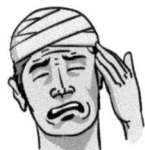

dhukkubbii

dolor

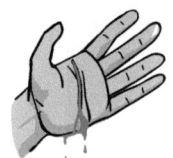

miidhhaa

lesión

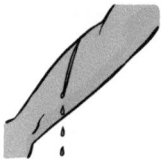

dhiiguu

hemorragia

dhukkuba onnee

infarto

baay'ina dhiigaa

ACV

hooqxoo

alergia

qufaa

tos

oo'aa qaamaa

fiebre

qufaa

gripe

baasaa

diarrea

bowoo mataa

dolor de cabeza

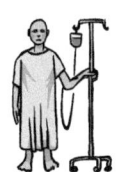

kaansarii

cáncer

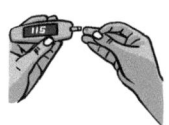

dhibee sukkaaraa

diabetes

baqaqsanii hodhuu

cirujano

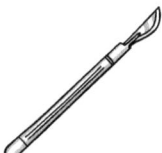

halbee

bisturí

hojii

operación

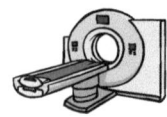

CT
TC

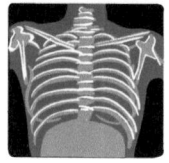

raajii
rayos x

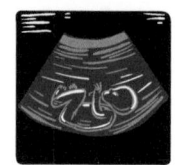

aaltraasaawandii
ecografía

haguuggii fuuiaa
barbijo

dhukkuba
enfermedad

kutaa haar galfii
sala de espera

hirkannaa
muleta

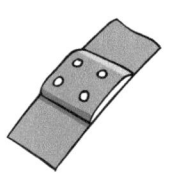

pilaastara
curita

baandeejii
venda

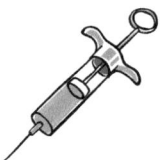

limmoo waraanuu
inyección

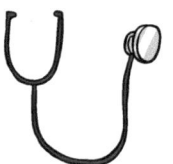

isteetskooppi
estetoscopio

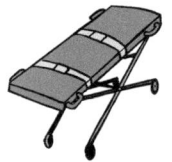

siree dhukkubsataa
camilla

termoo meetira klinikaa
termómetro

dhaloota
nacimiento

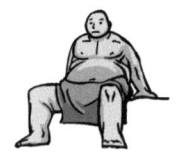

ulfaatinaa ol
sobrepeso

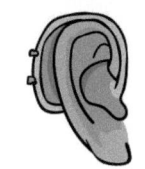

gargaaraa dhageettii

audífono

qoricha aramaa

desinfectante

miidhama keessaa

infección

vaayirasa

virus

ECH AAIVII / EEDSII

VIH / SIDA

qoricha

remedio

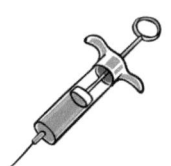

talaallii

vacunación

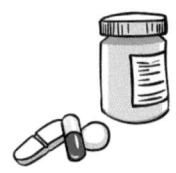

kiniinii

comprimidos

kiniinii

pastilla anticonceptiva

waamicha hatattamaa

llamada de emergencia

too'attuu dhiibbaa dhiigaa

tensiómetro

dhukkuba / fayyaa

enfermo / sano

gargaarsa!

¡Ayuda!

alaarmiis

alarma

weerara

agresión

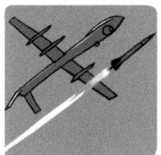

miidhuu

ataque

suukaneessaa

peligro

baha hatattamaa

salida de emergencia

abidda

¡Fuego!

abidda dhaamisituu

matafuego

balaa

accidente

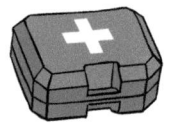

saanduqa gargaasa
calqabaa

botiquín de primeros
auxilios

Sii'oosii

SOS

foolisii

policía

awurooppaa

Europa

ameerikaa kabaa

América del Norte

ameerikaa kibbaa

América del Sur

afrikaa

África

eesiyaa

Asia

awustraaliyaa

Australia

atilaantik

Atlántico

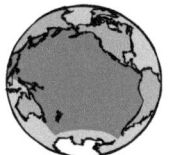

paasfiik

Pacífico

galaana hindii

Océano Índico

galaana antaartikaa

Océano Antártico

galaana arkitiik

Océano Ártico

polii kaabaa

polo norte

polii kibbaa

polo sur

antaartikaa

Antártida

dachee

Tierra

dachee

tierra

garba

mar

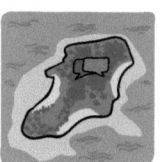

odola

isla

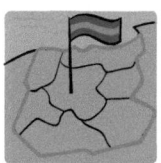

lammii

nación

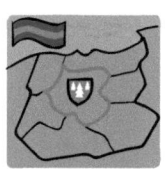

kutt biyyaa

estado

clock face

esfera

sa'aatii kana

manecilla de las horas

daqiiqaa kana

minutero

moofaa

segundero

yeroon meeqa ta'ee?

¿Qué hora es?

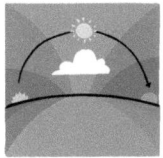

guyyaa

día

yeroo

hora

amma

ahora

sa'aatii diiskoo

reloj digital

daqiiqaa

minuto

sa'aatii

hora

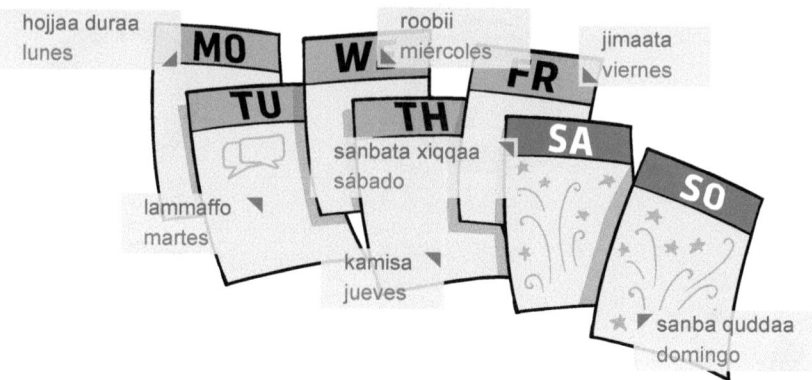

hojjaa duraa
lunes

roobii
miércoles

jimaata
viernes

lammaffo
martes

sanbata xiqqaa
sábado

kamisa
jueves

sanba quddaa
domingo

kaleessa

ayer

har'a

hoy

boru

mañana

ganama

mañana

guyyaa qixxee

mediodía

galgala

tarde

MO	TU	WE	TH	FR	SA	SU
1	2	3	4	5	6	7
8	9	10	11	12	13	14
15	16	17	18	19	20	21
22	23	24	25	26	27	28
29	30	31	1	2	3	4

guyyaa hojii

días hábiles

MO	TU	WE	TH	FR	SA	SU
1	2	3	4	5	6	7
8	9	10	11	12	13	14
15	16	17	18	19	20	21
22	23	24	25	26	27	28
29	30	31	1	2	3	4

dhuma forbee

fin de semana

waggaa
año

rooba
lluvia
sabbata waaqqaa
arco iris
cabbii
nieve
bubbee
viento
birraa
primavera
arfaasaa
otoño
bona
verano
ganna
invierno

4.APRIL 11°
5.APRIL 4°
6.APRIL 13°
7.APRIL 8°
8.APRIL 10°

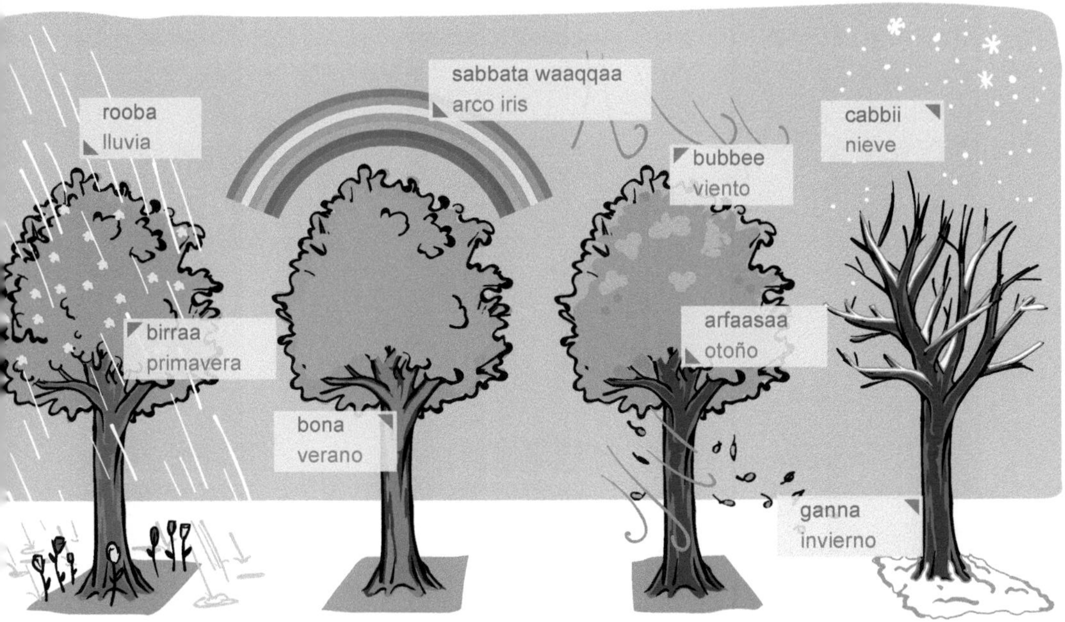

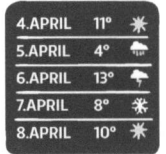

raaga haala qileensaa

pronóstico meteorológico

F C
120 90 60 30 0 -30
40 30 20 10 0 -10 -20

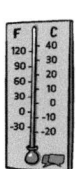

teermoomeetirii

termómetro

baha aduu

luz del sol

duumessa

nube

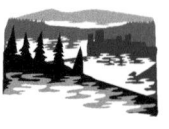

hurii

niebla

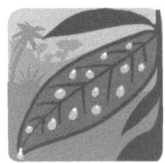

jiidha

humedad

bakakkaa

rayo

balaqqee

trueno

dirrisa

tormenta

cabbii

granizo

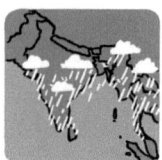

monsoon

monzón

lolaa

inundación

cabbie

hielo

Amajjii

enero

Gurraandhala

febrero

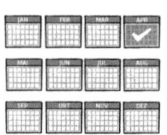

Bitootessa

marzo

Eebila

abril

Caamsaa

mayo

Waxabajji

junio

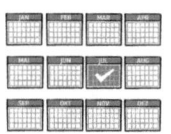

Adooleessa

julio

Hagayya

agosto

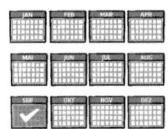

Fulbaana
....
septiembre

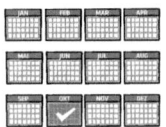

Onkololeessa
....
octubre

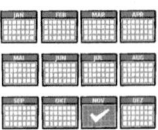

Sadaasa
....
noviembre

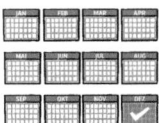

Muddee
....
diciembre

boca
formas

geengoo
....
círculo

isqeerii
....
cuadrado

rog arfee
....
rectángulo

rg sadee
....
triángulo

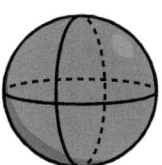

molaalee
....
esfera

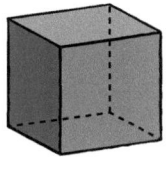

kuubii
....
cubo

adii

blanco

boora

amarillo

keelloo

naranja

boorilee

rosa

diimaa

rojo

bunnii

violeta

cuqliisa

azul

magariisa

verde

magaala

marrón

bulee

gris

gurraacha

negro

baay'ee / xiqqoo

mucho / poco

aara / gammachuu

enojado / tranquilo

bareeda / fokkuu

lindo / feo

calqaba / xumuura

principio / fin

guddaa / xiqqaa

grande / chico

ifa / dukkana

claro / oscuro

obboleessa / obboleettii

hermano / hermana

qulqulluu / xurii

limpio / sucio

xumuuramaa / kan hin xumuuramin

completo / incompleto

guyyaa / halkan

día / noche

du'aa / jiraa

muerto / vivo

bal'aa / dhiphaa

ancho / angosto

kan nyaatamu / kan hin nyaatamne

comestible / no comestible

badd / gaarii

malo / amable

gammachuu / ifannaa

entusiasmado / aburrido

furdaa / qal'aa

gordo / flaco

calqaba / dhuma

primero / último

michuu / diina

amigo / enemigo

guutuu / duwwaa

lleno / vacío

sakoruu / lalllaafaa

duro / blando

ulfaataa / salphaa

pesado / liviano

beeluu / dheebuu

hambre / sed

dhukkuba / fayyaa

enfermo / sano

seer malee / seera qabeessa

ilegal / legal

gaanfuree / dabeessa

inteligente / estúpido

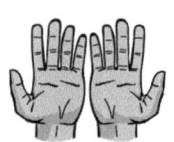

bitaa / mirga

izquierda / derecha

maddii / fagoo

cerca / lejos

haara'a / moofaa

nuevo / usado

homma / waan tokko

nada / algo

jaarsa / dargaggeessa

viejo / joven

ibsuu / dhaamsuu

encendido / apagado

banuu / cufuu

abierto / cerrado

callisuu / sagalee olkaasuu

silencioso / ruidoso

sooressa / hiyyeessa

rico / pobre

sirrii / dogongora

correcto / incorrecto

sokorruu / lallaafaa

áspero / suave

aara / gammachuu

triste / contento

dheeraa / gabaabaa

corto / largo

qususaa / collee

lento / rápido

jiidhaa / goggogaa

mojado / seco

oo'aa / qorraa

caliente / frío

lola / nagaa

guerra / paz

0

duwwaa

cero

1

tokko

uno

2

lama

dos

3

sadis

tres

4

afur

cuatro

5

shan

cinco

6

jaha

seis

7

torba

siete

8

saddeet

ocho

9

sagal

nueve

10

kudhan

diez

11

kudha tokko

once

12

kudha lama

doce

13

kudha sadi

trece

14

kudha afur

catorce

15

kudha shan

quince

16

kudha jaha

dieciséis

17

kudha torba

diecisiete

18

kudha saddeet

dieciocho

19

kudha sagal

diecinueve

20

diigdama

veinte

100

dhibba

cien

1.000

kuma

mil

1.000.000

maliyoona

millón

Ingiliffa

inglés

Ingiliffa Ameerikaa

inglés americano

Mandarinii chaayinaa

chino mandarín

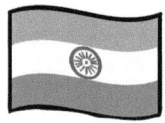

Afaan Hindii

hindi

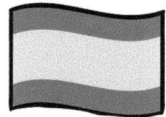

Afaan Speen

español

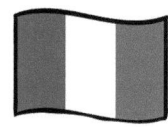

Afaan Faransaay

francés

Afaan Arabaa

árabe

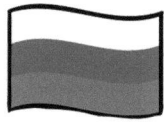

Afaan Raashaa

ruso

Afaan Poortugaal

portugués

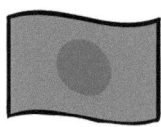

Afaan Beengaal

bengalí

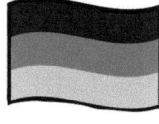

Afaan Jarman

alemán

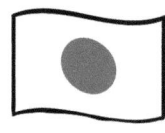

Afaan Jaappaan

japonés

ana

yo

si

vos

isa / ishii / isa / wantootaf

él / ella

nu'ii

nosotros

isin

ustedes

isan

ellos

eenyuu?

¿quién?

maal?

¿qué?

akkamitti

¿cómo?

eessa?

¿dónde?

hoom?

¿cuándo?

maqaa

nombre

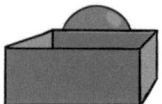

duuba

detrás

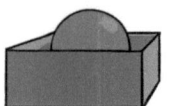

keessa

en

fuldura

adelante de

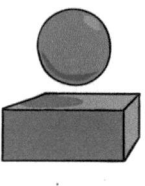

irra

por encima de

gubbaa

sobre

jala

debajo de

maddii

al lado de

gidduu

entre

bakkee

lugar